AF284927

Für meinen Mann, der für mich auch weiterhin die beste Inspiration und die größte Unterstützung der Welt ist.

Melina Jipp
Geld und Konto kindgerecht erklärt

Bibliografische Information der Deutschen Nationalbibliothek:
Die Deutsche Nationalbibliothek verzeichnet diese Publikation in
der Deutschen Nationalbibliografie; detaillierte bibliografische Da-
ten sind im Internet über http://dnb.dnb.de abrufbar.

© *2018 Melina Jipp*

Herstellung und Verlag: BoD – Books on Demand, Norderstedt

ISBN: 978-3-7528-2943-3

Das ist Marcel, er ist zwölf Jahre alt.

Marcel hat gerade ein neues Spiel für seine Konsole gekauft und seinen Cousin Florian dazu eingeladen, mit ihm zu zocken. Florian ist neunzehn Jahre alt und spielt genauso gern Konsolenspiele wie Marcel. Deshalb beginnt Florian in ein paar Monaten auch eine Ausbildung bei der Firma „Super Zocker", denn mit Spielen kennt er sich gut aus.

Irgendwann möchte Marcel dort auch mal arbeiten, denn bei Super Zocker kann man alle Spiele kaufen, die gerade neu herausgebracht wurden und außerdem kann man in dem Laden alle Konsolen testen, die gerade angesagt sind. Er beneidet Florian, dass er bald jeden Tag dort verbringen darf und auch noch dafür Geld bekommt.

„Wo wir gerade von Geld sprechen, ich brauche für mein Gehalt noch ein Girokonto. Gehalt nennt man das Geld, dass man bekommt, wenn man für jemanden arbeitet.", erzählt Florian.

Leider kennt er sich mit Konten überhaupt nicht aus. Zum Glück hat er Marcel, denn Marcel und seine Familie wissen schon viel über Geld und Konten.

„Ich habe ein Girokonto seitdem ich klein bin, meine Eltern haben es damals für mich eröffnet. Wenn du möchtest, können wir einen Termin bei meiner Beraterin Sabine Maus machen. Sie kann dir ein Girokonto eröffnen.", bietet Marcel an.

Florian ist einverstanden und bittet Marcel darum, einen Termin zu vereinbaren. Außerdem möchte er wissen, ob er etwas zum Termin mitbringen muss.

Die Beiden schauen im Internet nach und stellen fest, dass Florian unbedingt seinen Personalausweis mitbringen muss. Gut wäre es auch, wenn er seinen Ausbildungsvertrag mitbringt. Beides hat Florian sofort zur Hand.

Marcel ruft bei seiner Beraterin an und freut sich, dass Sabine Maus heute sogar noch Zeit für die beiden Jungs hat.

Als Florian und Marcel die Filiale der örtlichen Bank betreten, winkt ihnen Sabine Maus fröhlich zu. Sie kennt Marcels Familie schon lange und arbeitet seit vielen Jahren in der Bank.

Marcel stellt Frau Maus seinen Cousin Florian vor und erzählt, dass Florian bald seine Ausbildung beginnt und ein Girokonto für sein Gehalt braucht.

Frau Maus nickt und erklärt den beiden, dass es verschiedene Modelle von Girokonten gibt. Manche Konten haben eine Gebühr, man bezahlt monatlich eine kleine Summe Geld an die Bank, damit sie sich um das Konto und die Geldgeschäfte kümmert. Florian bekommt aber ein Konto ohne eine Gebühr, denn die Bank hat für Menschen unter 30 Jahren ein kostenloses Konto.

Zuerst bittet Frau Maus um den Personalausweis, denn sie ist verpflichtet zu prüfen, wer ein Konto eröffnet und ob Florian auch wirklich der richtige Florian ist. Sie tippt die Daten in den Computer ein. Danach zeigt sie Marcel und Florian eine sehr lange Nummer und erklärt, dass das Florians IBAN ist. Die beiden Jungs wollen wissen, was eine IBAN ist und wozu man diese denn braucht.

„Die IBAN ist eine internationale Kontonummer. Einige Menschen haben sich zusammengesetzt und beschlossen, die Kontonummern in möglichst vielen Ländern gleich lang zu machen und noch andere Themen zu Geldgeschäften einfacher zu gestalten. Vorher hat eine Bank in dem jeweiligen Land ihre eigenen Kontonummern an die Kunden verteilt. Deshalb waren

die Nummern von Land zu Land unterschiedlich und es war schwerer für die Kunden, Geld in ein anderes Land zu schicken.
Seit 2014 wird die IBAN in Deutschland als internationale Kontonummer vergeben."

Marcel nickt, auf seiner Bankkarte steht auch eine lange Nummer unten auf der linken Seite. Sie beginnt mit „DE", weil Marcel sein Konto in Deutschland hat. Außerdem steht auf der Karte auch noch ein „BIC" mit elf Buchstaben und er fragt Frau Maus, was das ist.

„Der BIC ist ein internationaler Code für Banken, jede Bank hat ihren eigenen Code bekommen. Mit dem BIC kann man ganz schnell herausfinden, bei welcher Bank in welchem Land ein Kunde sein Konto hat.", erklärt ihm Frau Maus.

„Wofür brauche ich denn diese IBAN und diesen BIC?", fragt Florian.

„Du brauchst beides für deine Geldgeschäfte.", antwortet Frau Maus.

„Die meisten Kunden nutzen vor allem drei Arten von Geldgeschäften: Die Überweisung, den Dauerauftrag und die Lastschrift. Bei diesen Dreien müssen Sie nämlich nicht erst Geld abholen und es jemandem in Münzen und Scheinen geben, sondern sie können bargeldlos bezahlen."

Sie erklärt, dass man eine bestimmte Summe Geld an jemanden schicken kann, wenn man dessen IBAN kennt. Wenn man diese Summe nur einmal an jemanden schicken möchte, nennt man das „überweisen".

Das kennt Marcel, denn seine Oma überweist ihm zu seinem Geburtstag meistens Geld auf sein Konto, damit er sich etwas Schönes davon kaufen kann.

„Um Geld zu überweisen, gibt es verschiedene Möglichkeiten. In jeder Bankfiliale liegen sogenannte „Überweisungsträger" aus. Das sind kleine Formulare aus Papier, in die man seine Daten und die IBAN der anderen Person eintragen kann. Die gibt man dann ausgefüllt einem Bankmitarbeiter und in wenigen Tagen bekommt die andere Person das Geld.

Noch schneller geht das Ganze aber elektronisch. Ihr könnt die Daten nämlich auch an einem Automaten in der Bankfiliale eingeben oder online Geld überweisen."

Florian überlegt kurz und möchte wissen, ob er dann jeden Monat eine Überweisung machen muss, denn sein Fußballverein möchte jeden Monat 30,00 Euro von ihm haben.

Frau Maus hat eine bessere Lösung.

„In diesem Fall gibt es den „Dauerauftrag". Dafür brauchst du die gleichen Daten wie für eine Überweisung. Beim Dauerauftrag kannst du mehrmals hintereinander die gleiche Summe überweisen. Du könntest festlegen, dass du immer am Anfang des Monats die 30,00 Euro an deinen Verein schickst. Den Tag kannst du dir aussuchen und du entscheidest, wie lange du die Summe bezahlen möchtest. Den Dauerauftrag kannst du jederzeit beenden, dann wird auch nichts mehr überwiesen."

Für seinen Fußballverein ist das wirklich eine gute Lösung, findet Florian. Er hat allerdings auch noch einen Handyvertrag, bei dem der Telefonanbieter jeden Monat eine andere Summe von Florian haben möchte, je nachdem wie viel er telefoniert hat.

„Das ist kein Problem. Wenn jeden Monat eine andere Summe bezahlt werden muss, gibt es dafür die „Lastschrift". Die Lastschrift kann allerdings nicht bei der Bank eingegeben werden.

Um eine Lastschrift zu vereinbaren, musst du mit deinem Telefonanbieter einen Vertrag abschließen. Mit deiner Unterschrift gibst du ihm die Erlaubnis, von deinem Konto die jeweilige Summe zu nehmen. Das macht er dann jeden Monat von allein und du musst dich darum nicht weiter kümmern."

Florian sorgt sich, dass der Anbieter sich einfach mehr Geld vom Konto nehmen könnte, wenn er das erlaubt.

Aber Frau Maus kann ihm die Angst nehmen.

„Bei der Lastschrift mit deinem Telefonanbieter hast du die Möglichkeit, die Lastschrift zurückzugeben. Das heißt, wenn dir innerhalb von acht Wochen auffällt, dass der Anbieter sich mehr Geld genommen hat, gehst du zur Bank und gibst die Lastschrift zurück. Dein Geld wird wieder zurückgeholt und kommt auf dein Konto. Nach den acht Wochen ist das nicht mehr erlaubt.

Wichtig ist, dass du dich so schnell wie möglich bei deinem Telefonanbieter meldest und mit ihm die falsch eingezogene Summe besprichst."

Diese Antwort erleichtert Florian und bisher gab es auch keine Probleme mit seinem Telefonanbieter. Er weiß jetzt, dass er eine Überweisung zum einmaligen Geldverschicken nutzen kann. Wenn er die gleiche Summe mehrmals verschicken will, nimmt er einen Dauerauftrag. Eine Lastschrift vereinbart er mit einer Firma, die regelmäßig verschiedene Summen bekommen soll.

Nun bringt sich Marcel wieder ins Gespräch ein und möchte wissen, ob Florian auch so eine Bankkarte bekommt wie er.

Frau Maus nickt.

„Jeder unserer Kunden bekommt eine Bankkarte, wenn er mindestens sieben Jahre alt ist. Florian ist neunzehn Jahre alt, deshalb bekommt er von uns eine Karte und dazu eine Geheimzahl, die sogenannte „PIN". Diese Geheimzahl darf er niemandem sagen, nur er darf sie wissen. Jeder Kunde hat eine eigene PIN mit vier Zahlen, die er sich merken muss. Er darf sie nicht zusammen mit der Bankkarte in seiner Tasche tragen, denn wenn ihm jemand die Tasche stiehlt und die Karte findet, kann er mit der PIN das ganze Geld vom Konto abholen. Dann hat Florian alles verloren und bekommt sein Geld auch nicht wieder."

Zum Glück hat Florian ein gutes Gedächtnis und kann sich Zahlen leicht merken. Er fragt Frau Maus, wozu er die PIN braucht.

„Immer, wenn du deine Bankkarte benutzt, musst du mit deiner PIN bestätigen, dass du der richtige Besitzer deiner Karte bist. Wenn du dir im Laden neue Schuhe kaufst, musst du nicht mit Scheinen und Münzen bezahlen. Münzen und Scheine werden auch „Bargeld" genannt.

Du kannst einfach deine Karte benutzen, dafür haben fast alle Läden ein Kartenlesegerät. Dieses Gerät fragt dich dann nach deiner PIN, die du eintippen und bestätigen musst, damit du bezahlen kannst. Manchen Läden reicht auch eine Unterschrift, doch in vielen Läden musst du deine PIN eingeben.

Du brauchst deine PIN auch, wenn du Geld vom Bankautomaten abholen möchtest.

Wenn du an einem Bankautomaten eine Überweisung eintippst, wird von dir auch da deine PIN verlangt."

Florian beschließt, sich die PIN sehr gut einzuprägen, da er sie demnächst oft brauchen wird.

Eine Sache liegt Florian aber noch auf dem Herzen. Er erzählt Frau Maus, dass sein Ausbilder „Super Zocker" ein Laden mit langen Öffnungszeiten ist und er nicht weiß, ob er für seine Geldgeschäfte immer zur Bankfiliale kommen kann, bevor diese schließt.

Auch dafür kennt Frau Maus eine Lösung.

„Das ist überhaupt kein Problem, Florian. Dafür kannst du das Online Banking benutzen, das geht zu jeder Zeit von zu Hause und unterwegs.

Von der Bank bekommst du für dein Online Banking eine Teilnehmernummer und eine weitere PIN, die besteht diesmal aus fünf Zahlen, damit du sie nicht mit der PIN von deiner Bankkarte verwechseln kannst. Auch diese PIN darfst du niemandem sagen oder zeigen. Bitte lege sie auch nicht zu Hause zu deinen Kontounterlagen.

Mit der Teilnehmernummer und der PIN kannst du dich auf unserer Homepage anmelden und deine Kontodaten sehen. Zum einen siehst du dort die Summe, die du auf deinem Konto hast. Wenn du mehrere Konten hast, kannst du von jedem einzelnen die Summen sehen.

Wenn du auf dein Girokonto klickst, kannst du dich über deine Einnahmen und Ausgaben informieren. Einnahmen nennt man das Geld, das dir jemand auf dein Konto geschickt hat, Ausgaben sind das Geld, das du an jemand anderen geschickt hast.

Du kannst dir damit einen guten Überblick darüber verschaffen, was du gespart hast und was du noch ausgeben kannst."

Marcel möchte wissen, ob Florian auch beim Online Banking seine Geldgeschäfte machen kann.

Frau Maus nickt.

„Ja, Florian kann so wie in der Bankfiliale und am Automaten auch seine Geldgeschäfte beim Online Banking durchführen. Er kann Überweisungen verschicken, Daueraufträge anlegen und löschen, und auch Lastschriften zurückgeben. Dafür muss er wieder nachweisen, dass er der richtige Florian ist.

Damit er das online kann, gibt es eine weitere Nummer, die sogenannte „TAN". Florian kann zum Beispiel eine Liste mit TAN-Nummern als Brief von der Bank bekommen. Bei einem Geldgeschäft wird Florian dann im Online Banking gebeten, eine der Nummern einzugeben. Wenn er die TAN-Nummer richtig eingibt, wird das Geldgeschäft, zum Beispiel eine Überweisung, erledigt.

Die meisten Menschen nutzen die TAN-Nummern per Brief aber nicht mehr, sie bekommen ihre TAN-Nummern elektronisch.

Dafür gibt es die Möglichkeit, dass Florian die TAN von der Bank per SMS bekommt oder dass er die Foto-TAN benutzt. Dabei erscheint neben dem Geldgeschäft ein kleines Fenster mit Vierecken, ein sogenannter „Barcode". Den kannst du mit einer Handy-App oder einem besonderen Gerät abfotografieren. Wenn du das gemacht hast, bekommst du sofort eine TAN zugeschickt, mit der du dein Geldgeschäft bestätigen kannst. Die Handy-App lädst du dir einfach herunter, das Gerät kannst du in deiner Bank bestellen, wenn du möchtest.

Für jedes neue Geldgeschäft, dass Florian machen möchte, bekommt er auch immer eine neue TAN-Nummer."

Florian zieht sein Handy aus der Jackentasche und sucht nach der App.

„Hier gibt es aber viele verschiedene Apps. Welche brauche ich denn genau?"

Seine Beraterin zeigt ihm eine Übersicht.

„Unsere Bank stellt verschiedene Apps zur Verfügung. Für deine Geldgeschäfte brauchst du die „Foto-TAN-App". Wenn du unterwegs schauen willst, wie hoch die Summe auf deinem Konto ist oder welche Einnahmen und Ausgaben du hattest, kannst du die „Banking-App" benutzen. Die meisten Apps von Banken sind kostenlos. Mit der „Banking-App" kannst du auch von unterwegs eine Überweisung verschicken. Wenn man Geldgeschäfte mit einer App macht, nennt man das „mobiles Banking"."

Damit ist Florian einverstanden, denn er ist viel unterwegs und kann dann von jedem Ort aus seine Geldgeschäfte machen.

Nun bekommt Florian in den nächsten Wochen viele Briefe von der Bank. Er bekommt seine Bankkarte mit einer PIN, die aus vier Zahlen besteht, damit er Geld vom Automaten abholen und im Laden bargeldlos bezahlen kann.

Frau Maus erklärt ihm, dass er mit seiner Karte auch Kontoauszüge am Automaten ausdrucken kann. Kontoauszüge sind aus Papier und zeigen alle Einnahmen und Ausgaben, die Florian in der letzten Zeit hatte.

Außerdem bekommt er noch eine Teilnehmernummer und eine PIN mit fünf Zahlen, damit er sich zu Hause beim Online Banking anmelden kann.

Die Apps hat er sich schon heruntergeladen, damit er sie so bald wie möglich benutzen kann.

Frau Maus erinnert Florian noch daran, dass er jetzt seinem Ausbilder, seinem Sportverein und seinem Telefonanbieter seine Kontodaten geben muss, damit alle wissen, wo sie Geld hinschicken oder von wo sie Geld abziehen sollen. Florian wird dort gleich morgen Bescheid sagen.

Marcel und Florian verabschieden sich von Frau Maus und bedanken sich, weil sie von ihr so viel über Konten und Geldgeschäfte gelernt haben.

Als die Beiden die Filiale verlassen, ist es bereits dunkel und Zeit für das Abendbrot. Deshalb verabschieden sich nun auch die beiden Jungs voneinander und Marcel läuft so schnell er kann nach Hause.

Als Marcel die Haustür aufschließt, weht ihm schon der Duft nach Braten entgegen. Gut, dass er noch pünktlich zum Abendbrot gekommen ist. Seine Familie versammelt sich gerade um den gedeckten Esstisch und freut sich, dass Marcel es auch zum gemeinsamen Essen geschafft hat.

Sein großer Bruder Benjamin und seine große Schwester Sandra sind auch gerade erst von ihrer Arbeit nach Hause gekommen. Benjamin arbeitet bei der örtlichen Bausparkasse und Sandra hat einen Nebenjob in einem Laden für Kosmetikprodukte, denn sie geht noch zur Schule.

Marcels Eltern hatten heute schon früh Feierabend und deshalb haben sie ein besonderes Essen für die ganze Familie gekocht.

Nachdem Marcel sich ein Glas Limo eingeschenkt hat, berichtet er von seinem Tag mit Florian und darüber, was er heute über das Girokonto und Geldgeschäfte gelernt hat.

Sein Bruder erklärt ihm, dass man Geldgeschäfte auf dem Girokonto auch „Zahlungsverkehr" nennt. Das Geld wird beim Bezahlen von einem Konto zum anderen geschickt.

Sandra erinnert ihren Bruder an die Aussage von Frau Maus, dass Florians Konto keine Gebühren kostet, solange er noch nicht 30 Jahre alt ist.

„Danach kann das manchmal ganz schön teuer werden. Florian sollte sich überlegen, ob er danach nicht sein Konto wechseln sollte."

Davon hat Marcel noch nie etwas gehört, denn er hat sein Konto schon lange in der Filiale von Frau Maus. Er möchte von Sandra wissen, was sie mit dem Wechseln meint.

Sie kann es ihm erklären.

„Es gibt verschiedene Möglichkeiten ein Girokonto zu bekommen. Zum einen kann man einen Termin in der nächsten Bankfiliale vereinbaren und dort ein Konto eröffnen, so wie ihr beide es gemacht habt. Dazu musst du deinen Personalausweis mitbringen.

Du kannst aber auch ein Konto online eröffnen. Zum einen bieten das Banken an, die Filialen im Ort haben und gleichzeitig im Internet aktiv sind. Zum anderen gibt es sogenannte „Direktbanken", diese Banken haben meistens gar keine Filialen, sondern bieten alles online an.

Auch die Direktbanken müssen kontrollieren, ob Florian der richtige Florian ist, sie nennen das „legitimieren". Dafür kann Florian die Direktbank per Video Chat kontaktieren und so mit einem Mitarbeiter sprechen. Der Bankmitarbeiter wird dann Florians Personalausweis in dem Video Chat abfotografieren und sicher gehen, dass er der echte Florian ist.

Danach kann Florian im Internet ein Konto eröffnen und bekommt wie beim Online Banking eine Teilnehmernummer und eine PIN mit der er seine Geldgeschäfte erledigen kann. Auch von Direktbanken bekommt man eine Bankkarte und eine PIN zum Geld abheben."

Nachdenklich fragt Marcel, an welchen Geldautomaten er mit einer Karte von einer Direktbank gehen soll, wenn die Bank doch keine eigene Filiale hat.

„Kein Problem, Marcel. Du kannst mit jeder Bankkarte an jeden Geldautomaten gehen und bekommst dort immer dein Geld, auch wenn der Automat einer anderen Bank gehört. Allerdings musst du aufpassen, denn die andere Bank kann dafür eine Gebühr verlangen, oft sind das bis zu 5,00 Euro.

Deshalb sollte man sich immer gut informieren, was man braucht, bevor man ein Konto eröffnet. Manche Banken verlangen auch für bestimmte Geldgeschäfte eine Gebühr.

Im Internet kann man aber nachsehen, welche Konten die verschiedenen Banken anbieten und was davon kostenlos ist, aber auch wofür man etwas bezahlen muss."

„Was ist, wenn Florian irgendwann mit seinem Konto unzufrieden wird?", will Marcel wissen.

Sein Bruder Benjamin hilft ihm weiter.

„Wenn er unzufrieden ist, sollte er zuerst mit seiner Beraterin Frau Maus sprechen. Manchmal passt das Kontomodell einfach nicht mehr und weil die meisten Banken mehrere Modelle von Konten anbieten, kann man das Modell wechseln. So behält Florian seine Kontodaten und seine Bankkarte, und ist dann hoffentlich zufriedener.

Wenn nichts mehr hilft und Frau Maus ihm auch kein Kontomodell anbieten kann, das ihm gefällt, kann er auch die Bank wechseln. Dafür ist es wichtig, dass er sich gut informiert, welche Bank ein Kontomodell anbietet, das ihn zufrieden macht und das erfüllt, was er braucht.

Dort eröffnet er dann ein neues Konto, bekommt eine neue IBAN und eine neue Bankkarte mit einer neuen PIN.

Florian kann seine neue Bank bitten, seinen Ausbilder, seinen Sportverein und seinen Telefonanbieter zu informieren, dass er jetzt eine neue Bankverbindung hat und dass das Geld nun auf dieses Konto geschickt oder von diesem Konto genommen werden soll. Dafür muss er der neuen Bank die Kontaktdaten der Dreien geben, sie kann das für ihn erledigen.

Außerdem kann er der neuen Bank sagen, dass sie das alte Konto bei der vorherigen Bank kündigen sollen. Dafür reicht eine Unterschrift von Florian aus, die neue Bank kümmert sich darum.

„Was passiert, wenn Florian vergisst, jemandem von seiner neuen IBAN zu erzählen und derjenige versucht, Geld auf das alte Konto zu schicken?", will Marcel wissen.

Seine Mutter kann ihn beruhigen.

„Wenn Florian sein Konto wechselt, sollte er beide Konten, das alte und das neue, noch einen oder zwei Monate gleichzeitig laufen lassen. Selbst wenn er allen Bescheid gesagt hat, kann doch mal jemand vergessen, die IBAN zu ändern. Das fällt Florian dann gleich auf, wenn eine Person Geld auf das alte Konto schickt. Dann kann Florian denjenigen nochmal erinnern, Geld bitte nur noch auf sein neues Konto zu schicken. Wenn keiner mehr Geld auf das alte Konto schickt oder welches vom alten Konto nimmt, kann Florian das alte Konto kündigen und nur noch das neue Konto nutzen.

Sollte dennoch jemand versuchen, auf das gekündigte, gelöschte Konto Geld zu schicken, bekommt er von seiner eigenen Bank eine Nachricht, dass es das Konto nicht mehr gibt und er Florian ansprechen soll."

Marcel nickt und ist froh, dass Florian sich aussuchen kann, wo er sein Girokonto führen möchte und dass sich die neue Bank dann um alles kümmert. Er selbst ist zufrieden mit seinem Girokonto und auch mit seiner Beraterin Sabine Maus.

Während er noch darüber nachdenkt, ob er sich auch die App für sein Konto herunterladen soll, beginnen seine Eltern mit Schwester Sandra eine Diskussion um die Hausarbeiten, die noch zu erledigen sind. Das interessiert Marcel nun wirklich nicht, deshalb stellt er seinen Teller in die Spülmaschine und wünscht seiner Familie eine gute Nacht. Für heute hat er eindeutig genug getan.

Nachwort

Liebe Erwachsene,

ich hoffe, dass Ihnen und Ihren Kindern das Buch gefallen hat. Dieses Buch soll als ein erster Grundstein dienen, um Kindern und Jugendlichen ein erstes Verständnis zum Thema Geld und Zahlungsverkehr zu ermöglichen. Mein Wunsch ist es, dass sie danach weiterführende Fragen stellen und eigene Überlegungen anstellen können. Jeder Schritt zur finanziellen Eigenverantwortung und das Einschätzen von Sinnhaftigkeit und Risiken kann junge Menschen meiner Meinung nach in ein Leben mit einer gesunden Beziehung zu Geld führen. Allem voran sind sie nicht den Ansichten oder Erfahrungen anderer Menschen zu diesem Thema ausgeliefert, sondern können sich ihr eigenes Bild und später ihre eigenen Erfahrungen machen.

Das Buch ist aus meinem privaten Interesse entstanden und hat keine Beziehung zu Unternehmen oder irgendwelchen bestimmten Produkten. Diese Unabhängigkeit war und ist mir zur Erfüllung meines oben genannten Wunsches wichtig.

Zum besseren Verständnis wurden die Beschreibungen kindgerecht vereinfacht. Möglicherweise entsprechen sie durch die leichtere Sprache nicht immer exakt den juristischen oder wirtschaftlichen Definitionen aus dem Lehrbuch. Bitte sehen Sie es Ihren Kindern zu Liebe nicht zu eng.

Diese Geschichte stellt zudem keine Form der Beratung, der Empfehlung oder der Bewertung der im Buch beschriebenen Handlungsmöglichkeiten dar. Ebenso sind alle Personen und Firmen frei erfunden.

Ich bedanke mich herzlich für Ihr Interesse!

Für Fragen oder Feedback freue ich mich über Ihren Besuch auf meiner Homepage melinajipp.de.